AF495250

# VENTE DE FEU M. CHARLES LE BLANC

AUTEUR DU *Manuel de l'Amateur d'Estampes.*

# DESSINS ANCIENS

## ET MODERNES

Les Lundi 3, Mardi 4, Mercredi 5 & Jeudi 6 Décembre 1866

EXPOSITION PUBLIQUE

Le Dimanche 2 Décembre 1866, de 1 heure à 4 heures

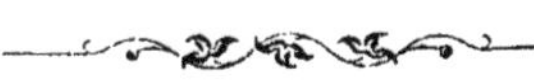

Me DELBERGUE-CORMONT
COMMISSAIRE-PRISEUR

M. VIGNÈRES
MARCHAND D'ESTAMPES

(228e) PARIS — DÉCEMBRE 1866

# PORTRAITS DIVERS

GRAVÉS

## PAR AMBROISE TARDIEU

OVALE IN-8°.

*Papier format in-4°. — Chaque : 25 centimes.*

Addison, poëte dramatique anglais.
Aguesseau (H. F. d'), chancelier.
Aignan (Et.), poëte lyrique.
Alembert (d'), académicien.
Alfieri (V.), poëte dramatique.
Amyot (J.), évêque.
Andrieux, poëte dram. académicien.
Arioste (L.), poëte italien.
Azaïs (P. H.), philosophe.
Balzac (J.-L. Guez de), académicien.
Becker, général.
Belliard, général.
Berchoux, littérateur.
Berthollet, chimiste. Pair.
Bessières, maréchal.
Boileau-Despréaux.
Chasseloup de Laubat, général.
Choiseul (duc de), pair.
Colomb (Christophe).
Corneille (P.), poëte dramatique.
Cousin (Victor), académicien.
Daunou, historien.
Dessolles, général.
Diderot, littérateur.
Etienne, poëte dramatique.
Fénelon, archevêque.
Français de Nantes, comte.
Gouvion Saint-Cyr, général.
Grimm (F.-M.), critique.
Horace.
Jay (Antoine), historien.
Jouy, poëte dramatique.
Juvenalis, poëte satyrique.
Kellermann, général, pair.
Kellermann fils, général, pair.
Klein, général, pair.
Labbey de Pompierre, député.
La Bruyère (Jean de).
Lafayette, général, député.
La Fontaine (Jean de).
Laplace (marquis de), académicien.
Le Brun (prince), pair.
Lefèvre, maréchal.
Lemontey, historien.
Louis (baron), ministre.
Massillon.
Molière.
Montaigne.
Montesquieu (Ch. Secondat de).
Mortier, maréchal.
Moustalon.
Mozart.
Murat (Joachim).
Napoléon, empereur.
Ovide, poëte latin.
Pelet de la Lozère.
Percy.
Philippe II, roi d'Espagne.
Piron, poëte comique.
Pradt (D. Dufour de), archevêque.
Racine (Jean).
Rampon, général.
Regnard, poëte comique.
Reille, général.
Ricard, général.
Robin, historien.
Rossini (Joachim).
Rousseau (J.-B.).
Rousseau (J.-J.).
Saint Augustin.
Saint Bernard.
Saurin, (Jacques).
Scott (Walter).
Sébastiani, général.
Séguier, chancelier.
Ségur (comte de), pair.
Soules, général.
Suchet, maréchal.
Tissot (P.-F.), poëte et prosateur.
Tite Live, historien latin.
Virgile.
Voltaire.

---

Caylus (Marg. de Valois, comtesse de).
Dacier (Anne Lefèvre).
Gay (Sophie).
Sévigné (marquise de).

**Chaque : 50 centimes**

SE TROUVE CHEZ VIGNÈRES, 1, RUE BAILLET, A PARIS.

56592 RENOU et MAULDE, imprimeurs de la Cie des Commres-Priseurs, rue de Rivoli, 144.

2495 – [illegible]
2373 – 50
2317 – 50
2427
9612 – [illegible]

228e

# CATALOGUE

DE

# DESSINS ANCIENS

## ET MODERNES

DES

ÉCOLES ALLEMANDE, ANGLAISE
FLAMANDE, GERMANIQUE, ITALIENNE
FRANÇAISE ANCIENNE ET XVIII$^{e}$ SIÈCLE

DONT LA VENTE AURA LIEU

**Après Décès de M. Charles LE BLANC**

Ancien Employé à la Bibliothèque Impériale, auteur du Manuel de l'Amateur d'Estampes,
de la Notice de quelques Copies trompeuses, etc.;

**HOTEL DES COMMISSAIRES-PRISEURS**

***Rue Drouot, 5, Salle n° 4***

**AU PREMIER ÉTAGE**

LES 3, 4, 5 & 6 DÉCEMBRE 1866

A UNE HEURE

---

**Me DELBERGUE-CORMONT**, Commissaire-Priseur,
rue de Provence, 8,

Assisté de M. **VIGNÈRES**, Marchand d'Estampes,
rue de la Monnaie, 13, à l'entresol, entrée rue Baillet, 1,
*Chez lequel se distribue le présent Catalogue.*

---

**EXPOSITION PUBLIQUE**

Le Dimanche 2 Décembre 1866, de 1 heure à 4 heures.

PARIS — 1866

## ORDRE DES VACATIONS

Première Vacation. — 1 à 215.

Deuxième Vacation. — 216 à 421.

Troisième vacation. — 422 à 629.

Quatrième vacation — 630 à 820.

Nous avons conservé les attributions et annotations de feu M. Charles Le Blanc.

Les lots nombreux seront divisés à la volonté du Vendeur.

## CONDITIONS DE LA VENTE

Au comptant.

Cinq pour cent en plus des enchères, applicables aux frais.

**M. VIGNÈRES, dirigeant la Vente, se charge des Commissions.**

Nota. Toute commission sans prix fixé ou sans limite déterminée sera regardée comme nulle.

M. Vignères se charge de faire marquer les prix aux Catalogues des ventes qu'il a faites. Les personnes qui le désirent peuvent s'adresser à lui *franco.*

Plusieurs Amateurs éloignés en ont reconnu l'utilité pour les guider dans leurs achats sur les valeurs des Estampes.

Les Catalogues des Ventes à faire seront envoyés aux personnes qui en feront la demande *affranchie.*

Avis. — Nous prions MM. les Amateurs éloignés de ne pas attendre au dernier jour, pour que les lettres arrivent le matin de la vente ; ils comprendront que quelques lettres peuvent se lire, mais de 20 à 50 lettres, c'est difficile.

Paris 7

[illegible] [illegible]

[illegible] 10

Paris [illegible]

[illegible] 35

# DÉSIGNATION

# DES DESSINS

1 **ANONYME.** L'Annonciation; *gouache* sur vélin, rehaussée d'or, provenant d'un Missel, encadrée entre deux verres.

2 — La Sainte Famille adorée par un ange; *gouache* sur vélin, provenant d'un Missel.

3 — L'Annonciation. — Adoration des Mages; 2 *gouaches* anciennes sur vélin avec entourage et texte, provenant de Missel, dans 2 cadres dorés, et bois sculptés à jour.

4 — Christ en croix avec la Vierge et saint Jean; *gouache* sur vélin.

5 — Louis XIII, jeune, à cheval; *gouache* sur vélin d'une grande finesse, rehaussée d'or, forme ovale, cadre d'ébène.

6 — Sujets religieux; *gouaches* sur vélin, tirées de Missel. 11 p.

7 **ANONYME**, XVII^e siècle. Vue de Paris prise du Pont-Neuf, d'une grande étendue jusqu'au mont Valérien; *gouache* sur vélin.

8 — Voltaire à cheval sur un homme et J.-J. Rousseau qui le montre du doigt; au fond, deux figures allégoriques pendues. In-8, à l'encre de Chine.

9 — Fête sur une plage avec coups de poings, carrosses, grand nombre de figures. A la plume, lavée, sous verre.

10 — Jeune Dame, coiffure poudrée, buste. Crayons noir et rouge, profil, encadré.

11 — Tête de femme. Mine de plomb, sous verre.

12 — Etude de femme à mi-corps. Pierre d'Italie, encadré.

13 — Portrait de Cartouche, in-4, au crayon noir. — in-8, à la mine de plomb; au bas : *dessiné d'après le naturelle dans sa prison par Stella.* 2 p.

14 — Berger couvrant d'un voile une bergère dormant au soleil. Jolie aquarelle.

15 — Le Ministre Fouquet entouré de la Charité, la Justice, la Vérité, l'Abondance. Grand dessin à la sanguine.

16 **ADAM** (Victor). Postillon et son cheval, mine de plomb; grand croquis au crayon de couleur, Cheval sellé et artilleur dont le cheval se cabre sous l'effet d'une bombe. 2 p.

17 **ALBANO.** Enlèvement d'Europe, au lavis; provenant des cabinets *Caylus* et autres; Mentor poursuivi se jetant à la mer, au bistre; étude de têtes. 3 p.

18 **ALDEGRAVER.** Deux Hommes en costumes de l'époque, saint Sébastien et autre. 3 p.

19 **ALLORI.** Etudes d'Anatomie, à la plume; cab. Andreossy, et autre. 2 p.

20 **ALTDORFER, 1531.** Judith. — Jésus au jardin des oliviers. — Danse de Paysans. 3 dessins à la plume.

Champion 10

[illegible]

Vadel 25 Champ. 10

Jorand.

Brun 20

Jeune

Paru 20

21 AMBERGER. Saint Marc et par J. Amman, Aken Allets, etc. 5 dessins.

22 AMICO d'ap. l'antique, et Ango, 2 p.

23 ANASTASI (Aug.), 1859. Amants assis au pied d'un vase dans un parc. Belle aquarelle encadrée.

24 ARTOIS (van). Paysages, aquarelle et crayon noir. 2 p.

25 ASSELYN. Ancien pont et autres ruines. 4 dessins à l'encre.

26 AUBRY. Buste de jeune garçon, crayon noir sur papier bleu, rehaussé de blanc.

27 BACCIO-BANDINELLI. Apôtre, Soldat, Etudes d'hommes nus et tête. 4 p.

28 BACKHUYSEN. Très-petites marines, à l'encre de Chine. 2 jolis dessins.

29 BALDUNG (H.). Buste d'Oriental, à la plume.

30 BALLINI (Camille), XVIIe siècle. Eléphant et ses cornacs; beau dessin à la plume, rehaussé de blanc. *Cab. Andreossy.*

31 BALTASAR DE SIENNE. Corniche ornée de figures, au bistre.

32 BARDIN. Triomphe de Galathée, crayon noir sur papier bleu, rehaussé de blanc.

33 BAROCHE. Vierge debout pour Assomption, à la plume et bistre.

34 — Compositions religieuses. 4 p.

35 BARTOLOMEO (Fra). Tête de Vierge, beau dessin à la pierre d'Italie.

36 — Vierge immaculée dans un ovale, formé de chérubins, soutenu par des anges; dessin capital à la plume (de l'Ecole de).

37 — Moines, sanguine, et autre. 2 p.

38 BATTONI. Etudes sanguine, Bassano. 2 p.

39 BEAUMONT (Ed. de). Le Corset, jolie aquarelle encadrée.

40 BECCAFUMI. Apôtre, Etude d'homme nu. 2 beaux dessins à la plume.

41 BÉGA. Bendorp, Beresteyn. 3 p.

42 BELLANGER (J.-A.), amateur vers 1760. Fuite en Egypte, au bistre. *Cab. Andreossy.*

43 BÉNARD. Danse villageoise, aquarelle.

44 BERG, 1796. Femme chaussant des patins, aux crayons de couleur.

45 BERGERET. Saint Georges, scène de l'antiquité. 2 p.

46 BERGHEM (N.). Le Maréchal, joli croquis à la pierre d'Italie; figures et animaux.

47 — Les Apprêts de l'embarquement, beau croquis à la pierre d'Italie; figures, animaux, etc.

48 — Figures orientales et autres sur le port, croquis à la pierre d'Italie. — Le Gué, à l'encre de Chine. 2 p.

49 BÉRICOURT. Au Vainqueur des Vainqueurs. — Fête à l'Amour. — Festin de satyres. — Fête à Bacchus; trois aquarelles. Bacchanales, sujets gracieux de la collection *Flury Hérard.*

50 BERJON. Dame vue de dos tenant une canne, costume du Directoire, beau dessin à l'encre.

51 BERNARD, de Bruges. Sainte Martyre assise, à la plume, rehaussé de blanc sur papier brun. Beau dessin.

52 BERNIN. Allégorie, figures, 2 p., bistre.

Cauchon 3

Jouvit Brun 60 Perre 30

ou Perre 30

ou

ou

Michel. 55

Jouvit 20

Jourd

Jourd

Perm 20

ou

Perm 20

ou

le suivant

53 **BERTAUX** (J.), 1779. Homme de condition rendant visite à une dame qui vient d'être coiffée, dessin très-fin à la mine de plomb.

54 **BEZ** (J. J. de) Paysages, à la sépia. 2 p.

55 **BIDA**. Arabe et son esclave, charmant petit dessin, mine de plomb encadré.

56 **BLOEMAËRT**. Ange tenant un voile étendu pour titre, Naissance de Jésus, Chasse. 3 p., bistre.

57 **BLOEMEN**. Paysage, Fabriques. 2 p.

58 **BOETARD**. Diane et Calisto. — Triomphe de Galathée. — Scène orientale, trois dessins au bistre en forme d'éventail.

59 **BOILLY**. Portrait de dame, crayon noir, rehaussé de blanc. — Quatre Têtes d'hommes, croquis à la plume. 2 p.

60 — Famille impériale entourée de sa cour, Napoléon Ier parle à un enfant qui traîne un sabre. A l'encre de Chine, de forme ronde, beau dessin historique.

61 **BOISSIEU** (J.-J. de). Buste d'homme avec fraise et calotte, les mains croisées sur un livre, à l'encre de Chine.

62 — Tête d'homme appuyée sur sa main gauche, sanguine très-terminée; au dos (*M., Genève, d'ap. D. B.*).

63 — Fabriques ruinées en Italie, très-beau dessin à l'encre de Chine.

64 — Tour ruinée près d'un passage couvert dans une rue de village, tres-beau dessin à l'encre de Chine.

65 — Vue de la Porte de Paris à Beauvais, signé 1782, beau dessin à l'encre de Chine,

66 — Paysage montagneux avec arbres et eau sur le devant, beau dessin à l'encre.

67 — Intérieur de cour de ferme avec puits. — Fortifications avec tourelle. 2 aquarelles.

68 — Croquis divers, Bac, Gué, Fabriques, avec figures et animaux. 8 p.

69 **BOITARD** (F.). Amsterdam, 1710. Encadrement ovale orné de figures et mascaron; au centre, un dessinateur guidé par le Génie, à la plume.

70 **BOLOGNE** (J. de). Repos en Egypte, sanguine.

71 **BONHEUR** (Raimond). Paysage rocheux avec rivière, à la plume; encadré.

72 **BONVIN.** Jeune Bonne mangeant la soupe, crayon noir, rehaussé de crayons de couleur; encadré.

73 **BONVIN ?** Tête de jeune homme, étude au crayon noir pleine d'effet; sous verre.

74 **BONZI** (P.-P.). Les Marchands d'œufs.

75 **BOTH.** Paysage et Marchand. 2 p.

76 **BOUCHARDON.** Charge de M. de Mairan, de l'Académie, Vierge, les Elèves de l'Académie de dessin. 3 p.

77 **BOUCHER.** Femme nue couchée vue de dos, sanguine, rehaussée de blanc.

78 — Jeune Fille près d'une fontaine, beau paysage, pierre d'Italie.

79 — Maisons de village, à la pierre d'Italie.

80 — Sujet chinois, au bistre.

81 — Jeune Fille et deux Enfants, vigoureuse sanguine, relevée d'encre.

Brun 60 (Penn 20)

B[illegible] 20

[illegible]

[illegible]

Laurent 10 Caucher 3,

([illegible])

Peru 15

Peru 15

Brun 20

82 — Diane et Endymion, sanguine brûlée, beau dessin.

83 — Académie d'homme, Bœuf, l'Ange apparaît aux Bergers, Fontaine, etc. 5 p.

84 **BOULANGER** (Louis). Dame noble sur une terrasse. — Dame en prière. — Don Guritau. 3 dessins à la plume.

85 **BOUNIEU** (Emilie), fecit. Jeune Dame assise dans la campagne et dessinant, peut-être elle-même; *gouache miniature* sur vélin, encadrée.

86 **BRAMER** (Léonard). Six nymphes formant des couronnes, à l'encre.

87 **BREEMBERG** (B ). Castello della Rocca, Ruines. 3 dessins, bistre et encre.

88 **BREUGHEL**. L'Abreuvoir du village, Spa. Aquarelle de la col. de sir *Benj. West.*

89 — Un Canal. — Paysage. — Kermesse. 3 aquarelles.

90 — La Chute d'Icare et autres paysages, à la plume. 3 p.

91 **BREUGHEL** de Velours. Marines, à la plume. 2 beaux dessins.

92 **BREYDEL** (C.). Siége d'une forteresse avancée dans la mer. — Paysage avec ruines, de Bronkorst. — Autre par Buhlmayer. 3 p. au bistre.

93 **BRIL** (Paul). Paysage, aquarelle. — Chasse. — Ruines. 3 dessins à la plume et bistre.

94 **BUONAROTI** (Michel-Ange). Etudes de jambes et diverses, à la plume et pierre d'Italie. 6 p. *Cab. Andreossy.*

95 — Figure nue, à la pierre d'Italie — Vieille Sibyle, au bistre, rehaussé de blanc (de son école). 2 p.

96 CALABRESE. Croquis sanguine du cabinet Denon, à la plume et autre. — Aquarelle de *Cades*. — Les joueurs, à la plume, de *Calendrucci*. 5 p.

97 CALLOT. Croquis de mendiants, à la plume, et deux Capitans, sanguines, d'ap. lui, par Gillot? 11 p.

98 CAMPAGNOLA. Marine, à la plume, et Vierge, au crayon noir, de *Campana*. 2 p.

99 — Paysage, à la plume, et par autre. Vue de Rome et gouache. 3 p.

100 CANALETTI. Galère couverte, riche. — Décoration théâtrale, Palais vénitien. 2 p.

*101 CANGIASE. Sujets religieux et croquis, à la plume. 5 p.

102 CANOVA (Ant.). Dix enfants et petits Amours folâtrant dans un paysage, à la plume et lavé de bistre.

103 CAMPEN. Marché aux bestiaux dans un petit village. — Marché de poissons au bord de l'eau. 2 jolis dessins à l'encre.

104 CANTA GALINA. Repos en Égypte, beau dessin. — Paysage montagneux avec fleuve. 2 p. à la plume.

105 CARRACHE (Annibal). Jésus et ses apôtres, Intérieur de palais, Satyre, etc. 6 p.

106 CARRACHE (Augustin). Trois dessins, plume et sanguine.

Journd

Journd

Journd

107 CARRACHE (Louis). Première pensée du tableau de l'église de Bologne. — Paysage avec rivière, à la plume. — Les Disciples d'Emmaüs, à la plume, et autres. 6 p.

108 CARAVAGE. Cariatide, à l'huile. — Bas-relief, Combat. — Études. 4 p.

109 CARRÉ (H.). Paysage en hauteur dans un portique pour panneau, au bistre.

110 CARESME. Le Cuvier, conte de Lafontaine. In-4. Belle aquarelle.

111 — Le buste de Pan porté en triomphe, vigoureux croquis à la plume lavé de bistre.

112 CARPI (Girolamo da). Études à la plume, de centaures, Hercule et autres figures d'après l'antique, etc. Superbes croquis. 4 p.

113 CASTIGLIONE. Le Christ au tombeau? Esquisse sur papier huilé. — La Mélancolie, à la plume. 2 p.

114 CASTILLO. Seigneur saluant une élégante près d'une vieille mendiante, à l'encre de Chine sur vélin. — Diverses Etudes de crucifiés, à la plume. 2 p.

115 CATS. Paysage en hauteur avec troupeau, au bistre et à l'encre.

116 CAVEDONE. Joseph et la femme de Putiphar. Gouache en bistre rehaussée de jaune.

117 — Arrestation de Jésus. — La Vierge des Sept-Douleurs. 2 p.

118 CELLINI (Benvenuto). Vase, à la plume. — Tête de Femme de profil, en bistre. 2 p.

119 CHALLE. Héliogabale sur son char traîné dans Rome par des femmes nues pour représenter les neuf Muses. Beau dessin au bistre.

120 — Diane sortant du bain, à la pierre d'Italie. Intérieur d'un temple, croquis bistre. 2 p.

121 CHAM. Joie du gagnant le lingot de 400,000 fr. Mine de plomb encadrée.

122 CHAMPIN. Les Pêcheries de Creteil, 1826. Aquarelle sous verre.

123 CHARDIN. Le Dessinateur, crayon noir. — Jeune homme de condition en pied, assis, belle sanguine. — Bureau en bois de rose, crayon de couleur. 3 p.

124 CHARLET. Cuirassier à pied en vedette, la tête seule est terminée. Aquarelle encadrée.

125 CHAUDET. Première pensée pour Atalie de Racine, avec changements et la gravure, et autres Croquis, Études. 11 p.

126 CHEVAUX. Scène de famille : jeune fille derrière une vieille qui tricotte près d'un jeune garçon qui lit. Joli dessin bistre.

127 CHODOWIECKI. Académie de dessin au bistre, charmant dessin de 28 millim., carré.

128 CIGNANI Joseph et Putiphar, etc.; bistre. — Cahignani. — Cipriani. 3 dessins.

129 CLERGET (Jacob), de Troyes en Champagne. Paysage à la plume lavé de couleur, *signé*, extrêmement rare, venant de divers cabinets.

130 CLEVE (H. Van). Paysages avec fabriques, à la plume, lavés de couleurs. 2 p.

[illegible]

[illegible] 8 [illegible]

Gautier 30

Gautier 25

Gautier 25

Gautier 25

Gautier 50

Gautier 100.120

131 COCHIN (C. N.). Anges présentant la croix à une sainte, aux pieds de laquelle sont des emblèmes sacerdotaux. Beau dessin, pierre d'Italie sous verre.

132 COCHIN filius. La Religion chassant l'erreur, et autre; charmant petit dessin à la mine de plomb sur vélin pour une vignette entète de page, sous verre.

133 — Profil d'une dame de qualité coiffure poudrée, crayon noir, médaillon rond.

134 — Portrait de Boucher? profil mine de plomb, médaillon rond.

135 — Portrait charge de Cochin fils, sanguine de profil, ovale.

136 — Figures allégoriques mine de plomb, 3 petits dessins : l'Eau? la Terre? l'Air? dont un sur vélin.

137 — Compositions religieuses d'ap. Bon Boulogne, à l'encre, bistre et sanguine lavée. 10 dessins avec 2 des gravures faites d'après. 12 p.

138 COCK 52 (César de). Rivière au milieu d'un fourré de forêt, à la plume.

139 COGNIET. Masque d'ap. la Bosse, crayon noir très-terminé. — Étude d'arbres. 2 p.

140 COOPER (T. S.) 1810. Hôtel-de-Ville de Bruxelles. Très-belle sépia in-fol.

141 COOPS (P.) 1665. Marines. 2 aquarelles.

142 CORNEILLE (J.-B.). Retour de l Enfant prodigue. — Diane. 2 dessins bistre.

143 CORRÈGE. Vierge et Jésus, à la plume. — Jupiter et Io, sanguine. 2 p.

**144** **CORT** (Corneille). Couronnement de la Vierge, beau dessin au bistre.—Énée et Anchise, à l'encre, de *Cornelissen*. 2 p.

**145** **COURTOIS,** dit le Bourguignon. Grand combat de cavalerie, à la plume rehaussée de lavis, encadré.

**146** — Cavaliers en marche, champ de bataille, et par *Casanova*. 4 p. au bistre.

**147** **COUVELET.** Paysages, Marines, mine de plomb et pierre d'Italie. 6 p.

**148** **COXIE** (Michel) 1566. Triomphe de la Mort. — Triomphe des produits terrestres. 2 dessins à la plume, *cab. Andreossy*.

**149** **COYPEL** (les). Annonciation, sanguine. — Résurrection de Lazare. — Neptune. — Étude. 4 p.

**150** **CRAYER.** Scène religieuse, à la plume.

**151** **CRETI** (D.) Crespi et autres. 6 p.

**152** **J. P. M. D.** Jolie Femme en buste, aquarelle. Miniature magnifique.

**153** **DANDRÉ BARDON.** La Main à baiser pour la lettre. Jolie scène. Crayons de couleur.

**154** **DARJOU.** Jeune Pifferari au repos, aquarelle sous verre.

**155** — Caricatures sur les militaires, chasseurs, baigneuses, sur les artistes, etc. 20 aquarelles.

**156** **DAUZATS** 1830 Vue d'une église, aquarelle encadrée.

**157** **DAVID** (Louis). Gladiateur, à l'encre, et croquis au crayon. 2 p.

**158** — Vainqueur prêt à massacrer deux femmes. Vigoureuse scène d'intérieur, à l'encre.

Cauchon 3

[illegible] 27 x

159 — Composition de l'Histoire ancienne, dessin très-terminé à la pierre d'Italie,

160 — Vainqueur que l'on panse à la jambe auquel on apporte des présents, grand dessin au bistre.

161 — Croquis, Étude pour la distribution des aigles, Portraits du prince de Berg et autres. 10 p.

162 DAVID, de Marseille. Paysage encre et bistre.

163 DECAMPS. Chasse, petit dessin au crayon noir encadré.

164 — L'Escamoteur marchand de rouge végétal, *Maudit courrier, voilà Mon-rouge renversé.* Allégorie sur le procès gagné par le Courrier français contre la communauté des Jésuites, crayon noir, encadré.

165 — Chasseur dans un fourré près d'un étang. Très-belle aquarelle encadrée.

166 — Chasse à la mouette, mer agitée, crayon noir, encadré.

167 — Chasse au lièvre, crayon noir et lavis; encadré.

168 DEFAISNE. La Mort d'un homme et celle d'une femme. 2 jolis dessins in-8 pour quelque ouvrage, roman ou histoire.

169 DELACROIX (A). Buste d'un mousquetaire, vigoureuse aquarelle.

170 DELACROIX (Eug.). Etudes de Marguerite et de Méphistophélès, mine de plomb encadrée.

171 — Première pensée de Faust et Marguerite, à la plume, encadré.

172 — Deux seigneurs le verre en main, croquis à la plume, encadré.

173 — Grec accroupi, aquarelle. — Le Christ portant sa croix, sur papier calque. 2 p.

174 DE LA MONCE. Les Disciples d'Emmaus. — Scène aux environs d'un camp. 2 p. à l'encre. — Paysage au bistre par *Demarcenay*. 3 p.

175 DELAROCHE. Charles Ier insulté, première pensée. Mine de plomb, encadré.

176 DELARUE. Sacrifice au dieu Pan, dessin vigoureux au bistre.

177 — Sacrifices. Danse, Bacchanales, l'Enrôlement, etc. 9 p.

178 DEMARNE. Le Conducteur de bestiaux. — Le Bateau. 2 grands paysages à la pierre d'Italie.

179 — Forêt près d'une rivière, crayon et lavis. — Esquisses de compositions pour tableaux. 4 p.

180 — Croquis d'animaux, de figures, d'arbres, et diverses compositions ayant servi à faire ses eaux-fortes. 125 p. Sera divisé.

181 DENON. Le prince royal de Bavière en 1807, et autres personnages, à la mine de plomb. Groupe à la plume. 7 p.

182 DESPORTES. Sangliers aux prises avec des chiens. — Aiguière et son plateau. 2 dessins aux crayons de couleur.

183 DESRAIS. Intérieur, scène d'amants. Jolie petite pièce in-8 au bistre.

184 — Scènes maternelles, vigoureuses, au bistre.

185 — Nymphe surprise par des satyres, esquisse.

186 — Mère et ses enfants. — Dame. 2 dessins de costumes, en bistre

[illegible]

[illegible] 15

[illegible]

[illegible]

Perm 10

Soued

Brem 20

187 — Scène villageoise avec huit figures, à l'encre de Chine, terminé.

188 — Sujets historiques et allégoriques. 4 p. au bistre.

189 — Costumes de tous les pays. 20 croquis.

190 DE TROY fils. Jeune Dame debout. — Scène d'histoire ancienne. 2 p. en bistre.

191 DEVERIA, d'ap. Liotard. Cameriste orientale et autres. 3 dessins en couleur.

192 DIEPENBECK. Etude à l'huile, Homme assis.

193 DIETRICY. Études d'ap. Watteau et autres. 4 p.

194 DIETSCH. Paysage sanguine. — Groupe de villageois. 2 p.

195 DOES (V. der). Vache couchée, sanguine. — Les deux Moutons, crayon noir. 2 p.

196 DOLCI (Carlino). Tête de jeune Garçon les yeux au ciel, belle sanguine.

197 DOMINIQUIN. Scènes d'histoire ancienne. 3 p.

198 DOOMER. Paysage et Entrée d'une ville sur une large rivière, belle aquarelle. 2 p.

199 DOYEN. Diane chassant, grande aquarelle. — Études et croquis de *Drolling*. 5 p.

200 DROUAIS. Scènes d'histoire ancienne. 2 dessins crayon noir et encre de Chine.

201 DUCIS. Profil à la plume ; au bas : *Ducis à son ancien ami Paulin Guérin;* le même répeté ; le même en pied se chauffant. 3 p. à la plume.

202 DUCORNET. 2e Composition pour le Tableau de Saint-Louis rendant la justice pour la ville de Lille, croquis. — Puits sous un hangar, par *Duclaux de Lyon*. 2 p.

2

203 **DUCREUX**. Jolie dame assise, crayon noir sur papier bleu, rehaussé de blanc.

204 **DUFFELER** (P.), de Bruxelles. Intérieur de Forêt, à la plume. *Signé.*

205 **DUNKER**. Paysage rond, vigoureuse aquarelle.

206 **DUPLESSIS**. Le Charlatan. Paysages avec figures. 3 aquarelles.

207 **DURAMEAU**. Le Sculpteur, esquisse à la sanguine, lavée d'encre, bistrée.

208 **DURER** (Albert). Tentation de Saint-Antoine, à la plume.

209 — Saint Georges, saint Eustache et nombre d'autres Saints reçoivent Alber Durer, composition à la plume, sous un double portique d'architecture orné. *Signé*, daté *1524*.

210 — Académie d'Homme debout vu de dos, à l'encre sur papier brun, rehaussé d'or.

211 — Cavalier avec sa femme en croupe, Soldats et Femmes, costumes du temps. 2 dessins à l'encre.

212 — Le Calvaire au moment du coup de lance, à l'encre, rehaussé de blanc sur papier très-brun. — Paysage, à la plume. 2 p.

213 — Ludwig, etc. Portrait d'homme, grandeur naturelle, aux crayons de couleur.

214 **DUSART** (C.). La Chanteuse et le Joueur de violon à la porte de la chaumière, beau dessin au bistre.

215 — Tabagie, sanguine. — Intérieur de Famille, encre bistrée. — L'Homme et le Médecin aux urines, à l'encre. 3 p.

Peru 30

Mangin 6

Mangin 20

Paru 25

Jourdt Ber 32

216 DYCK (Ant. Van). Six Femmes soutiennent une autre que l'on saigne au bras, au bistre.

217 — Christ en croix. — Les Pères de l'Eglise. — Incrédulité de Saint-Thomas. 3 p.

218 — Portrait d'Enfant et deux profils d'Hommes, Adoration des Bergers. 4 p.

219 DYCK (Ph. Van). Portrait d'Homme, Magistrat en grande perruque, beau dessin à la pierre d'Italie, sur papier bleu.

220 ECHARD, 1784. Portrait d'Homme, Villageoises causant à la porte, Paysage marine. 4 dessins à la plume, bistre et encre.

221 EISEN. Toilette de Vénus, plume et lavis.

222 — Jeune Littérateur, écrivant sous l'influence de l'Étude secondée par le Génie des Arts qui apporte des estampes, charmant petit dessin in-8, très-terminé, lavé de sanguine brulée.

223 — Zéphire et Flore sur des nuages, à la mine de plomb.

224 — Cartouches blancs, entourés de figures allégoriques, 2 très-beaux dessins à l'encre ; *cab. Andreossy.*

225 — La Peinture, groupe de cinq enfants, crayon noir et blanc.

226 ELZHEIMER. La Fuite de Loth, six figures à la plume et bistre.

227 ESPERCIEUX. Napoléon recevant l'épée d'un général, bas-relief pour arc de triomphe, grand et beau dessin au bistre.

228 EVERDINGEN. Le Rocher au milieu de l'eau, à l'encre, beau dessin.

229 — Barques arbordant près de rochers, belle aquarelle.

230 — Effet d'Hiver, le Moulin. — Paysage sauvage. 2 p., à l'encre.

231 — Paysages rocheux, 2 aquarelles rondes.

232 EYCK (J.-V.). Saint Christophe portant Jésus sur ses épaules et traversant la rivière, à la plume.

233 FARINATI. La Vierge apparait à saint Sébastien. — Allégorie de Féti. 2 p.

234 FAVANNES (de). Bacchanale, à l'encre.

235 FERG. Danse villageoise. — Groupe de Fictor. 2 p., crayon et encre.

236 FLAMEN. Paysages et animaux, à la plume et encre. 6 p.

237 FLAXMAN. Bas-relief aquatique, à la plume, et Sujets grecs, mine de plomb, sur papier calque. 7 p.

238 FLINCK. Enfant dormant, plume lavée. — Paysage de *Fock*, crayon noir. 2 beaux dessins.

239 FORT (Th.). Paysan à cheval cause avec une femme, dont l'enfant carresse le cheval ; belle aquarelle sous verre.

240 FRAGONARD. Figures drapées, Armoiries, Frontons, etc. 10 dessins, sanguine.

241 — Tête de jeune Villageois, en crayons de couleur; très-beau dessin.

242 — Le Peintre, à l'encre de Chine.

243 — Intérieur de Parc, en bistre; beau dessin.

244 — Allégorie pour une Pendule, en bistre ; beau dessin.

Perre 25

(Jouer)

Cheval 30. Lesoufach 60

(Jouer)

(Jouer)

Brun 20

Perre 15
(Jouer)

*Mahi* [illegible]

245 — Le Nid, paysage au bistre ; belle esquisse.

246 — Ruines, Sanguine, Paysages, Temple de la Sibylle à Tivoli et autres. 4 dessins, bistre et encre.

247 — Figures, Paysages, Fragments de Compositions, Croquis, Premières Pensées avec changements, etc. 15 p.

248 FRANCO. Oriental, Dido, Etude. 3 p.

249 FRANCX. Portrait en pied, Statue formée totalement d'écriture (Charles-Alexandre de Lorraine), à l'encre, bistre.

250 FRATTA, 1732. Grandes Compositions allégoriques avec Temple, à la plume, bistre, imitant la gravure. 2 p.

251 FREDOU. Portrait d'un jeune Abbé, crayon de couleur ; du *cab. Pardieu.*

252 L. G. Profil de jeune Garçon, à l'encre de Chine.

253 GAMELIN, 1793. Déroute de la Cavalerie autrichienne à Jemmappes, à l'encre. Combat de Cavalerie, calque, rehaussé de blanc, par *Gagneraux*. 2 p.

254 — Combat de Cavaliers, lavé à l'encre et rehaussé de blanc.

255 GANDOLFI. — Fuite en Egypte, lavé de sanguine. — Autel de la Vierge des Sept Douleurs, plume et lavis. 2 p.

256 GARNERAY. Dieppe, Granville, Margate, Ruine à Montmorency, Marines, Bords de Mer, Croqui au crayon et lavis. 14 p.

257 — Croquis de Marines, de Bâtiments divers et Calques de Détails, Vaisseaux, etc., plus de 50 Croquis, mine de plomb et plume.

258 GAUDELET (Charles), 1841. Sauterelle, Mouches, Araignée, Scarabée, Insectes divers. Très-belle aquarelle encadrée.

259 GEFFROY, acteur de la Comédie-Française. Groupe de 4 têtes faites à la plume au Comité, 1846 — Profil de Femme, aquarelle de Gavarni dans ses commencements. 2 p.

260 GELLÉE (Claude-Lorrain). Paysage avec lointain au-delà d'une large rivière, deux Figures sont à gauche sur le devant ; au bistre.

261 — Paysage au second plan, au premier plan des arbres qui forment voûte ; bistre.

262 — Le Château Saint-Ange, Vue étendue de Rome, au bistre.

263 -- Paysage avec Fabriques, au bistre.

264 — Paysage ovale, au bistre. — Rond, à l'encre 2 dessins.

265 — Paysages et Fabriques. 3 p.

266 GÉRARD (Mlle). Dame assise, joli costume de l'époque, mine de plomb.

267 GÉRARD (Baron). Croquis, Esquisses et Premières Pensées pour divers Portraits en buste, notamment Decaze, en pied de Maréchaux, Fragments pour diverses compositions de tableaux. 90 p.

268 GÉRICAULT. Etude à la plume, rehaussée de blanc, Femme portant sur la Tête, sous verre.

269 — Vénus et Adonis? croquis, crayon et lavis, encadré.

[illegible] 3.50

[illegible]

[illegible] 20

[illegible]

[illegible] 20

[illegible]

[illegible]

[illegible]

[illegible]

[illegible]

270 — Cavalier et autres Figures, croquis, mine de plomb, encadré.

271 — Grec endormi, Soldat français debout de profil. 2 croquis, mine de plomb.

272 — Postillon et ses deux Chevaux. — Lanciers, Etudes de Chevaux. 2 croquis, mine de plomb. avec croquis au revers.

273 — Croquis, diverses Etudes, mine de plomb. 2 p.

274 — Croquis à la plume, lavis, etc. 5 p.

275 — Croquis au crayon, Anatomie, Etudes de Figures, Chevaux, Costumes indiens, Premières Pensées, le Grenadier du Louvre et autres compositions. 42 p.

276 — Tête de Taureau, étude à l'huile, croquis de Bataille, Jugement dernier, etc. 8 p.

277 GILLOT. La Coquette à sa toilette et autre, 2 frises d'abaresques, à la plume. Superbe.

278 — Crispin coiffé d'un bonnet de femme semble donner des coups de poings, sanguine, rehaussé de crayon noir et blanc ; beau dessin.

279 — Costumes de Masques, Arabesque, Eventail, etc. 4 sanguine et lavis.

280 GIORGION. Naissance de Saint Jean ? A la plume et bistre.

281 GIRODET-TRIOSON Mars et Vénus, bistre rehaussé de blanc. — Nymphes au crayon noir. — Croquis divers, Portraits, etc. 19 p.

282 A. G. (Albert-Glockenton). Sainte Marguerite entre saint Christophe et saint Michel, belle gouache sur vélin, rehaussée d'or et d'argent, cadre noir et or.

283 GOTTZIUS (H.). Petit portrait d'Homme, à la plume, très-fin. — Jupiter et Mercure surprenant Mars et Vénus, au bistre. 2 p.

284 GOUDT (Comte). La Tentation et autre, 2 paysages lavés de couleur.

285 GOYA. Le Coiffeur, l'Oiselière, Figures, Charges, etc. 5 dessins à la plume, lavés d'encre, très-beaux.

286 GOYEN. La Fête de Village, à l'encre.

287 — Le Puits. — Le Château. 2 paysages, crayon.

288 — Chaumière. — Rue de Village. 2 p., crayon et bistre.

289 — Château avec pont-levis. — Fabrique. 2 dessins au crayon.

290 — Marché aux Poissons. — Hermitage. 2 p., crayon, plume et lavis.

291 — Eglise de Village. — Bords de la Mer. 2 beaux dessins, crayon et lavis.

292 GRANET. Vues de Rome, Colisée, etc., Vues à Versailles, 1841. 6 aquarelles, bistre, etc.

293 GRANDVILLE (J.-J.). Homme en costume de Valet, orné de divers attributs, Charge de l'époque, aquarelle sous verre.

294 — Voleur à tête de chien attend par la pluie un Homme à tête de beuf, à la plume, sous verre.

295 GRANDVILLE (Attribué à). Types et Costumes de 1839 et 1840, grand dessin à la plume, sur papier végétal de plus d'un mètre de long.

296 GRAVE. Beaux Paysages avec Figures, Forêt. 3 dessins à l'encre de Chine.

[illegible] 10 50

[illegible] 1,5

[illegible] 20

[illegible] 12

Gautier 30 Jouid

Acher 3

Acher 3

Acher 3

Acher 3

Acher 3

Breen 100 10 Jouid

297 **GRAVELOT** (H.). Seigneur debout, croquis, crayon, plume et bistre.

298 — L'Etude, Allégorie, charmante Composition in-8° en travers, en bistre (2 mars 1751) ; très-fin.

299 **GREGOIRE** (Paul), 1790. Intérieur de Famille, effet de lumière, à l'encre de Chine ; dessin vigoureux.

300 **GREUZE**. Tête de jeune Fille dormant, sanguine sous verre.

301 — Sacrifice sur un Autel, allégorie ovale, à l'encre.

302 — Etudes de Mains. — Jeune Garçon debout, 2 grandes sanguines.

303 — Scène d'Intérieur, esquisse à l'huile, première pensée pour un tableau non exécuté.

304 — Dame apprêtant ses couleurs et autres Figures, plume et bistre.

305 — Croquis, Têtes, Etudes diverses, à la sanguine, bistre, etc. 8 p.

306 **GRIMALDI**. Cascade de Tivoli et autre paysage à la plume. 2 p.

307 **GRIMOU**. Son portrait de face étant jeune ; beau dessin, crayons noir et blanc.

308 **GROBON** (F.-F.). Paysage buissonneux traversé par un ruisseau ; grand et beau dessin, crayons noir et blanc, encadré.

309 **GROS** (baron). Croquis de figures pour l'histoire ancienne, académies, soldats, etc. 4 p.

310 — Croquis, première pensée pour lord Clive et autres. 8 p.

311 GUARDI. Figures, vase, architecture. 4 dessins à l'encre.

312 GUASPRE. Paysages et Fabriques. 7 p. à la plume et bistre.

313 GUERCHIN. Vieillard à grande barbe, la main sur la poitrine ; beau et vigoureux dessin à la plume.

314 — Vierge, Pape, Etudes et Compositions diverses, à la plume, sanguine et bistre. 7 p.

315 — Paysages à la plume. 2 vigoureux dessins.

316 GUÉRIN (F.), 1770. L'Origine de la peinture et Scènes villageoises. 3 aquarelles.

317 GUIDO RENI. Diane faisant le geste pour changer Actéon, Études terminées de deux gracieuses figures de femmes, à la pierre d'Italie, et tête. 2 p.

318 — Saintes Familles et autres sujets religieux, à la sanguine et crayon. 6 p.

319 HAAN (A.-V.). La Porte del Popolo. — Saint-Jean-de-Latran. 2 vues de Rome, au bistre.

320 HAEFTEN. Tabagie, sanguine. — Paysages marines, par Hagen, Harms, Hakkert. 4 p. à l'encre.

321 HARDING. Vue de Paris, le Palais de Justice vu du pont Marie avec la pompe Notre-Dame ; aquarelle.

322 HAUDEBOURT LESCOT. La Famille italienne, le petit Enfant sur un cheval est tenu par son père ; aquarelle.

323 HAZÉ, 1849. Vue de la place Louis XV à Paris ; très-belle mine de plomb, sous verre.

324 J.-V.-H. DE JONGE. Sujets de chasse. 2 jolis dessins, sanguine.

[illegible]

[illegible]

Perm 15

Michel 15

325 **HEEM.** Tabagie. — Assemblée de notables de Van der Helst. 2 p. Sanguine et petit paysage rond d'Heideloff. 3 p.

326 **HEEMSKERK** (Martin). Le Peintre peignant la Vierge d'après nature. Belle Composition, charmant dessin aux crayons noir et rouge, bel effet. — Flagellation, à la plume. 2 p.

327 **HEINZ**, d'après Caravage. Specard, Véronèse, etc. 7 beaux dessins à la plume, lavés au bistre et rehaussés de blanc. *Cab. Andreossy.*

328 **HENNEQUIN.** Vénus enchaînant de fleurs des amants qui viennent sacrifier sur son autel, gracieuse aquarelle.

329 — Scènes d'Histoire ancienne, Allégories, Paysages, Bataille, etc. 13 dessins dont un très-grand.

330 **HENGSTENBURG.** Deux Oiseaux, aquarelle. — Couronne de fleurs formant cœur. Ces deux Aquarelles sont sur vélin.

331 **HEUVEL** (van der). Tentation de saint Antoine, à l'encre de Chine.

332 **HEYDEN** (Lucas van). Jésus au milieu des Docteurs, sur papier brun, rehaussé de blanc. — Porte de ville, à l'encre. 2 p.

333 **HILAIRE**, 1790. Cabanes de pêcheurs, aquarelle. — Grande réception, en Turquie, d'Ambassadeurs européens, grand dessin, sanguine. 2 p.

334 **HINTZ** (Jules). Apprêts du lancement à la mer d'un vaisseau, belle mine de plomb.

335 — Belle marine, mine de plomb, encadrée.

336 **HOBBEMA**. Paysage, à la plume ; venant de diverses Collections, extrêmement rare ; sur papier à la folie.

337 **HOECK**. Siége de ville. — Marche de cavalerie. 2 dessins, plume et lavis.

338 **HOLBEIN**. Anonciation, à la plume. — Le Tireur d'arc, aquarelle. 2 p. *Cab. Andreossy.*

339 **HOUBRAKEN** (Ant.). Abraham. Jolie composition en rond, lavée en rouge ; très-fini.

340 **HOUEL**. Vue sous un portique, gouache.

341 **HOWITT**, 1790. Chariots attelés, d'une ferme, aquarelle très-belle.

342 **HUBERT**. Fabriques en Italie, belle aquarelle sous verre.

343 — 1836. Bardanes, belle aquarelle sous verre.

344 — Fabriques près d'un Torrent, aquarelle. — Études d'arbres, crayon. 3 p.

345 **HUET**. Études d'enfants, d'animaux, paysage. 4 sanguines et autres.

346 — Cour de ferme, aquarelle. — Études diverses d'animaux, etc. 9 p.

347 — Le Départ. — Le Marché. 2 beaux dessins au bistre, sur papier calque.

348 **HUGO DA CARPI**. Une vision, grand dessin de deux figures, rehaussé de jaune clair sur papier brun.

349 **HUGTEMBOURG**. Combats de cavalerie à la gouache, à l'encre, et bistre. 3 p.

350 **HUYSUM** (Jean van). Paysage en hauteur avec cascade. Paysage arcadien. 2 dessins à l'encre de Chine.

Laperle 65

Michel 10

351 — Groupe de fruits, aquarelle vigoureuse.

352 — Vases de fleurs. Esquisses à la pierre d'Italie. 2 dessins signés.

353 — Vase de fleurs, première pensée pour un tableau. Esquisse vigoureuse au crayon noir; ce magnifique dessin est un trait de génie du maître, encadré.

354 INGRES. Dessin de la Médaille de la chapelle expiatoire; encadré.

355 ISABEY. Mme la comtesse de La Valette, à la mine de plomb. — Petite marine par Eugène Isabey. 2 p.

356 — 1817. Voisin, compositeur, portrait de profil à l'encre de Chine; encadré.

357 JOHANNOT (Tony). Une mère consolant sa fille; au fond, un homme découvre un cercueil. Beau dessin lavé et gouaché.

358 JOLIMONT (T. de). Études de Paysages à la mine de plomb. 15 p.—Études au lavis, 15 p.— Études à l'aquarelle. 10 p. En tout 40 dessins formant un cours, dans un portefeuille.

359 JORDAENS. Isaac bénissant Jacob, beau dessin aux crayons de couleur.

360 — La Fuite en Égypte, beau dessin aux crayons de couleur.

361 — Le Roi boit. — Sacrifice, 2 sanguines.

362 — Sacrifice, Plafond, Plume et encre.

363 — La Vieille et les Amants, vigoureuse esquisse aux crayons de couleur.

364 — Scènes de Famille, et c. par Keiser. p.

365 JOSEPIN. Fragment, à la plume et bistre. — Figure drapée, aux crayons de couleur. p.

366 JOYANT (J.). Porta S. Paolo, mine de plomb; encadrée.

367 — Tivoli, 1834, crayon, rehaussé de blanc; encadré.

368 — Vues en Italie, ruines, etc. 3 dessins à la mine de plomb

369 JULES ROMAIN. Vaisseaux assiégeant une forteresse, beau dessin à la plume.

370 — Fragment de bataille, au bistre collé sur toile.

371 — Le Serpent d'Airain, à la plume, rehaussé de blanc sur papier brun.

372 — Panneau d'ornements avec figures. — Apollon et Marsias. 2 dessins à la plume et bistre.

373 — La Résurrection, sur vélin. — Fragment de bas-relief antique. 2 dessins au bistre.

374 — Les Dieux de l'Olympe. — Maçons construisant une tour. 2 dessins.

375 — Combat naval, grand dessin au bistre.

376 JULLIER, 1760. Collin-Maillard. — La Main chaude. 2 dessins, crayon noir, rehaussé de blanc.

377 KAUFFMAN (Angelica). Stéphanie-Louise de Bourbon, Conti pleurant sur les cendres de son père, décédé le 2 août 1776, écrit au revers, sanguine. — Une sibylle, lavée. 2 p.

378 KLEIN. Sujets de chevaux aquarelle et mine de plomb. 2 p.

379 KOBELL. Troupeau de bestiaux qui se reposent et s'abreuvent, beau dessin à l'encre.

380 — Bestiaux au repos, à l'encre.

[illegible] 20

381 — Paysage avec bestiaux qui s'abreuvent, crayon et lavis.

382 — Sujet d'animaux, chevaux, à la plume et lavis. 9 p.

383 KOBELL (H.). Marines houleuses, à l'encre de Chine. 2 p.

384 KONGH. Grand et beau paysage avec chaumières, à l'encre de Chine.

385 KONIG (Jean). David vainqueur de Goliath, beau dessin, sanguine et crayon noir.

386 KONING (Ph. de). Village avec de l'eau, beau paysage à la plume, digne de Rembrandt.

387 KOUKOUCK, 1848. Paysage, vue d'une ville dans le lointain, à l'encre de Chine ; beau dessin de forme ronde.

388 LA BELLA (de). Chasse au sanglier. — Ruines, 2 dessins, encre et bistre.

389 LABOUCHÈRE. Croquis, mine de plomb, fait dans une séance de la Société des Amis des arts. 5 p.

390 LAER. Chevaux et autre. 2 p.

391 LAFAGE. Enlèvement d'Europe. — Triomphe de Bacchus et Ariane. — Toilette de Diane. 3 dessins à l'encre, pour éventails.

392 — Pape donnant la tunique à des chevaliers croisés, beau dessin à l'encre.

393 — Croquis : Saintes Familles, Danse bacchanale et autres. 7 p., à la plume.

394 LA FARQUE. Rue de village, aquarelle.

395 LAFOSSE (de). Arc de Triomphe. — Bain public pour les femmes. 2 p. à l'encre de Chine, très-terminés.

396 — Études de figures, portraits d'homme et de femme, pied de console 7 p., sanguine.

397 LAGNEAU. Grosse femme vue de face tenant une cruche, beau dessin au crayon de couleur.

398 LAGRENÉ. Flore, Terpsichore, Bacchanale. 3 dessins.

— Léda et nymphe endormie. 3 dessins, crayon noir.

399 LA HIRE. Visitation, Niobé, le serpent Pithon, portrait. 4 p.

400 LAIRESSE. Joas se réfugiant aux pieds du grand prêtre, aquarelle. — Vénus et Adonis. — Flore et Zéphire. 3 p.

401 LALEMAND. Scènes d'intérieurs villageois. 2 petites aquarelles.

— Scène de famille, paysages, etc. 5 p.

402 LAMI (Eugène). Sujets de batailles, Chevaux, Costumes, etc. 40 dessins à la plume, à l'encre, bistre et aquarelle.

403 LANFRANC. Circoncision, Sainte Famille et autre. 3 p.

404 LANTARA. Porte et tour ruinée près d'une rivière, crayon noir.

405 — Ruines d'une Eglise, beau dessins crayon noir.

406 LARGILLIÈRE (de). Portraits de Magistrats, Peintre et Maréchal. 4 p.

407 LATOMBE. Village avec pont près d'une rivière, à la plume.

20

Jouard

Jouard Charlier 40

Perin 20 [illegible] 10

Martin 16 50

Jouard
Jouard

408 LAVEGA, Espagnol. Couronnement de l'infant don Carlos à Palerme, à l'encre, forme d'Eventail fait par don Amador Sierra Espagnol.

409 LE BAS. Mlle Dangeville en pied, tenant un masque à la main, sanguine.

410 LE BRUN. Les Noces de Bacchus, pour dessus d'arcades, sanguine, lavée d'encre.

411 — Sujets de plafonds et autres pour décoration. 6 dessins, sanguine et autres.

412 LECLERC (Séb.). Vaisseaux, Chars de Triomphe et Ester et Assuérus. 6 p.

413 — Mariage du duc de Bourgogne, allégorie ; beau dessin à l'encre de Chine.

414 LECOMTE (Hip.). Deux enfants enseignant le chemin à un soldat blessé, belle aquarelle, sous verre.

415 LE DUC. Tabagies. 2 dessins.

416 LEFÈVRE (Valentin). Les Vertus Théologales entourent un médaillon, beau dessin au bistre; signé.

417 LE GEAY. Monuments d'architecture, grand dessin à la plume.

418 LELEUX (Armand). Paysanne assise, vue de dos, charmant dessin aux crayons de couleur, *ex dono* ; encadré.

419 LELIO DELLA NOVELLARE. Portrait à la plume, d'Augustin Scilla, peintre et naturaliste, et tête de Vieillard ; encadré.

420 LELU. La chaste Suzanne, joli dessin gracieux, au bistre.

421 — Le Jugement de Minos. — La Sortie d'un bal. — Et Esquisses à l'huile, par Legros. 4 p.

422 LEMOINE. Groupe d'Anges. — Bacchus et autres. 5 p.

423 LEMPEREUR. Moulin à eau, aquarelle.

424 LEPAUTRE. Son portrait, Frontispice in-fol. — Naissance de Jésus, non terminé. 2 dessins à l'encre de Chine.

425 LÉPICIÉ. Têtes, Costumes. 4 p., crayons rouge et noir.

426 LEPRINCE. Dame assise tenant un médaillon, grand dessin, sanguine ; joli costume.

427 — Porte de Village. — Charrue attelée de trois chevaux. 2 p. au bistre.

428 — Croquis, sanguine, sujets Russes et autres. 4 p.

429 LEPRINCE (Xavier). Croquis divers. 11 p.

430 LESCOT (Hortense). Intérieur de famille italienne, Vieille et deux jeunes Filles, belle aquarelle sous verre.

431 LESUEUR. Sainte Famille, croquis, pierre d'Italie.

432 — Scènes de la vie de Jésus, au bistre.

433 — Tête de Moine, sanguine et autre. 2 p.

434 — Figures et compositions diverses. 10 p.

435 LIGOZZI. La Charité. — Jeune Homme, par Lippi, et autre. 3 p.

436 LORCH (Melchior), 1562. Femme nue couchée, sanguine.

437 LOUTHERBOURG. Le troupeau en marche, au bistre. — Halte de Soldats, à la plume et autre. 3 p.

438 LUYCKEN. Scènes de Martyres, Grotesque. 3 p. à la plume.

[illegible]

[illegible]
[illegible] [illegible] [illegible]

[illegible]

[illegible]

Jourd

[illegible]

[illegible]

Jourd

Champeau 15

439 **MAES.** Saint Jean, évangéliste. — Plafond ovale, allégorie de *Man.* 2 p.

440 **MAGAUD,** 1834. La Justice (?) sur un quadrige prête à couronner, allégorie pour plafond ; belle Photographie encadrée.

441 — Italienne faisant danser son enfant sur ses genoux, beau dessin à la sanguine ; encadré.

442 **MALLET.** Esquisses pour portraits et compositions. 7 dessins, crayon noir, rehaussé de blanc.

443 **MANTEGNE** (André). Etudes de pieds, ornés de chaussures antiques, beau dessin à la plume. — Le Christ au Tombeau, au bistre. 2 p.

444 **MARATTE** (Carle). Compositions religieuses, à la sanguine, crayon et lavis. 8 p.

445 **MARILLIER.** Pythonisse faisant une évocation, belle sanguine. — Sacrifice humain, au bistre. 2 p.

446 **MASSINO.** Plafond à saint Martin à Naples, sanguine. — L'Étude, au bistre, par *Matsarri.* 2 p.

447 **MATURINO.** Hercule vainqueur de l'Hydre, au bistre. — Jeune Flûteur de Mazaccio. 2 p.

448 **MENGS** (R.). Etudes de Têtes. 2 p.

449 **METSIS** (Quentin). Vieillard, aux crayons de couleur.

450 **MEULEN** (Van der). Paysage avec Château au fond, Croquis, Esquisses pour Tableaux. Siége, etc. 10 dessins dont un très-grand, groupe de Cavaliers.

451 **MEYNIER.** Moitte, Parisot. 6 p. au bistre.

452 **MICHEL.** Vue du Pont-Neuf, pris du Pont-des-Arts. Scènes de Camps, Marche de troupes. 4 dessins.

453 **MIÉRIS.** Statue vue de dos, à la pierre d'Italie sur vélin.

454 **MIGNARD.** Saintes Familles, au bistre ; 2 beaux dessins.

455 **J.-F.-M.** (Millet). Trois figures dormant croquis à la plume ; encadré.

456 **MOL** (Van). Trois savants légistes discutant, au bistre.

457 **MOLITOR.** Ascension, Vache, Paysage, 3 p.

458 **MOLYN** (P.). Village, Aquarelle et Paysages, au crayon. 3 p.

459 **MONCALVO.** Vierge et par autres. 3 p., en bistre.

460 **MONVOISIN** aîné (P.). Jeune Fille pleurant dans un bois près de l'eau; un Cavalier fuit au fond ; belle Sépia sous verre.

461 **MOREAU** (L.). Enfants, Léda, Paysage. 3 p.

462 — Intérieurs de Parcs, gouaches sur vélin. 2 p.

463 — Escalier avec cascatelles d'eau, aquarelle.

464 **MOREAU le Jeune.** Le Génie de la France, soutenant le buste de Franklin. — Inauguration de la statue de Louis XV. 2 p.

465 **MOUCHERON.** Intérieur de Parcs, Ville et Paysage. 4 p. à l'encre.

466 — Le Chariot dans le chemin, au bistre. — Petit paysage Arcadien, aquarelle. 2 p.

467 **MOUCHET,** élève de Greuze. Intérieur de Chaumière, Danse au milieu d'une réunion de Villageois, à la plume.

468 **NATTIER.** Etudes de mains, draperie. 2 p.

469 **NATOIRE.** Christ en Croix. — Académies de jeunes Filles et Figures 11 p., crayon noir.

[illegible] 12

[illegible] 5

R. 66 Champeaux <u>50</u>

Cauchon 15

Perin 12

Jouard

Perin 30

Jouard

Jouard

470 NETSCHER. Le Peintre dans son atelier, Esquisses pour différents portraits. 9 p.

471 NEYTS. Paysages, à la plume et au crayon. 3 p.

472 NICOLLE. Oratorio dans la curia Ostilia à Rome. — Fête avec Marchand d'Orviétan. 2 aquarelles.

473 — Croquis, vues et costumes d'Italie, bistre, plume, crayon, aquarelle, etc. 73 p. Sera divisé.

474 NICOLO DEL ABBATE. Riche décoration de trois panneaux entre colonnes formant voûte, allégories sur la musique ; beau dessin et autre. 2 p., bistre.

475 NILSON, 1776. Portrait de Louis XVI, au bas emblème Es. XL. v. 7. Superbe dessin à l'encre de Chine.

476 NOEL. Paysage, gouache.

477 NORBLIN. Jeux de jeunes Garçons. 2 aquarelles. — Intérieur et autres. 2 croquis.

478 NOVELLI. Christ en Croix, à l'encre de Chine.

479 OMMEGANCK (Ph.). Le troupeau en marche et 2 études de Bœufs, par Herry, d'après lui. 3 dessins à l'encre de Chine.

480 — Troupeau à la Fontaine. — Etude d'arbre. 2 dessins à l'encre.

481 OS (Van) ? 1815. Bouquet de fleurs : Rose, Tulipe, etc., aquarelle.

482 OSTADE. La Famille, à la mine de plomb, sur vélin.

483 — Intérieur de Ferme, au bistre.

484 — Paysans causants et Enfant jouant, au bistre.

485 OUDRY (J.-B.). Le petit Pont de Bois, au crayon noir sur papier bleu, rehaussé de blanc.

486 — Coin d'une Terrasse, crayon noir et blanc.

487 PALMA. Le Christ descendu de la Croix, au bistre et autres. 3 p.

488 PANNINI. Architecture et ruines. 2 p.

489 PARMESAN. Mariage de sainte Catherine, au bistre.

490 — Adoration des Mages, au bistre.

491 — Obsèques d'un Saint, au bistre.

492 — Croquis et dessins divers. 8 p.

493 PAROCEL. Mort d'un Guerrier, belle composition, à la sanguine.

494 — Sujets de Chevaux, Costumes, sainte Madeleine, croquis divers. 13 p.

495 — Grande bataille, croquis à la plume, signé *Joseph Parocel de Brignoles.*

496 PASSIGNANI. Groupes de figures, au bistre. — Statues antiques, à la plume, par Pasineli. 2 p.

497 PATER. Mezetin, à la sanguine.

498 PENNI (F.). Sujet d'histoire, au bistre.

499 PERELLE. Chasse au cerf. — Paysage. 2 p. à la plume.

500 PERIGNON (N.). Moulin à eau, Chaumière, Village, 3 aquarelles ; croquis à la plume. 4 p.

501 PÉRIGNON, 1822. Croquis et compositions diverses. 13 p.

502 PERRIN, 1740. Jugement dernier, gouache sur vélin avec entourage doré.

503 PERIN DEL VAGA. Vénus et l'Amour, rehaussé de blanc sur papier brun.

504 — Plafond, beau dessin au bistre, et Croquis, Études. 3 p.

505 — Sujets d'histoire et croquis, bas-relief. 4 p.

Jaune

[illegible]aune

Jaune

[illegible] Jaune

Jaune

Jaune

Ber 16

Coutrau 10

Jourd

506 PÉROTTE. Costumes chinois, au bistre. 2 p.

507 PÉSARÈSE. Saintes Familles et autre. 4 p. sanguine et lavis.

508 PETTOVEDI, 1672. Chasse au cerf, d'ap. Labelle, dans un entourage formé de figures et animaux en frises, à la plume sur vélin.

509 PEYRON (P.), *inven. et fecit Roma*, 1777. Tribut que Minos imposa aux Athéniens à cause de la mort de son fils Androgée. Très-grand et beau dessin à l'encre de Chine, collé sur toile (c'est le moment du tirage au sort des victimes).

510 PIETRE DE CORTONE. Sacrifice hébreu, au bistre.

511 PILLEMENT. Paysages, à la plume, et autres. 8 p.

512 PILOTTE, Piola del Piombo, Pittoni, Pocetti. 6 dessins divers.

513 PINELLI. Costumes romains, etc. 6 p.

514 PINGRET (Ed.). Louis XIV et Molière, joli petit dessin à la mine de plomb, sous verre.

515 PIRANESI. Ruines et figure, à la plume. 4 p.

516 POLYDORE. Bas-reliefs : Enlèvement des Sabines, Guerriers, etc. 6 p.

517 POMPADOUR (F.). La Jeunesse, d'ap. Lancret; joli dessin in-8, au bistre.

518 PONS-CAMU. Le Maréchal Ney, au bistre, pour son tableau.

519 PONTORME. Figure drapée, à la sanguine.

520 PORTAIL. Jolie dame en buste, beau dessin à la sanguine.

521 POUSSIN (N.). Junon et autre, sujets mythologiques. 2 dessins à l'encre de Chine.

522 — Nymphes suprises. — Vénus et Énée. 2 dessins à l'encre.

523 — Diane et Actéon, au bistre. — Académie d'homme, crayon. 2 p.

524 — Vénus et Adonis. — Enfant. 2 p.

525 — Annonciation. 2 compositions différentes, à l'encre de Chine.

526 — Bacchanale, Paysages, etc. 7 p.

527 — Monuments funèbres, Bas-reliefs, Autels, Trépieds, Vases, Poteries, Armes, etc., objets d'antiquité. 20 dessins à la plume et lavis.

528 PRIMATICE. Deux figures drapées, pierre d'Italie.

529 — Mars et Vénus, beau dessin au bistre.

530 — Dessins divers. 5 p.

531 PROCACCINI. Assomption de la Vierge et autres. 3 p.

532 PRONCK. Portraits, mine de plomb, très-fins et autres. 4 p.

533 PRUDHON. Vestale, crayons noir et blanc, sur papier bleu.

534 ROOS (H.). Jeune Seigneur faisant un geste du bras gauche, crayon noir encadré.

535 ROUSSEAU (Théodore). Paysage au crayon noir, rehaussé de blanc, encadré.

536 QUAST. Buveurs, mine de plomb sur vélin.

537 RADEMACKER. Abbaye. — Palais. 2 dessins au bistre, très beaux.

538 RAPHAEL (École de). Vierge au berceau, au bistre.

Perm 25 Bron 30 S. Albin 40 Martin 10 50

Jouid

Perm 25

Perm 25

Perm 25

539 — Figures allégoriques et Croquis, à la plume. 3 p.

540 **REDOUTÉ**. Petit Bouquet de fleurs, aquarelle sur vélin, d'une grande finesse d'exécution.

541 **REGNAULT**. Dame prête à prendre son chocolat. Gouache très-finie.

542 **REMBRANDT**. Thomiris, esquisse, aquarelle pleine d'effet.

543 — Isaac bénissant Jacob. — Une Bergère. 2 croquis à la plume, à effets.

544 — Le Sacrifice d'Abraham. — Femme nue. 2 dessins, au bistre.

545 — Paysage, au bistre. — Orphée charmant les animaux, croquis à la plume. 2 p.

546 — Vieillard mourant, scène d'intérieur à trois figures, esquisse à la plume et bistre.

547 — Jésus chez Marthe et Marie, beau dessin au bistre terminé et plein d'effet.

548 — Voyageurs à la porte de l'hôtellerie, esquisse au bistre.

549 — Les Forgerons, au bistre; dessin à effet.

550 — Sujets historiques. 2 compositions ayant quelques rapports, croquis à la plume.

551 — Résurrection de Lazare et autres croquis. 3 p. à la plume.

552 — Le Christ devant les Anciens du peuple, belle composition à l'encre.

553 — Croquis divers, à la plume et au crayon. 7 p.

554 — Scènes historiques et autres, au bistre, à la plume, etc. 7 p.

555 **RIBÉRA**. Fragments de dessin, au bistre. 2 p.

556 RIGAUD (H.). Nymphes et l'Amour, crayon noir rehaussé de blanc sur papier bleu.— Portrait à mi-corps du duc d'Antin, à l'encre, d'après lui.

557 ROBERT. Fontaine monumentale, aquarelle. — Découverte de sculpture. 2 p.

558 — Dessins divers, crayon, aquarelle, sanguine, etc. 8 p.

559 ROGHMAN. Chasse au cerf. — Ermitage, etc. 3 p. à l'encre de Chine.

560 ROMBOUT. Ruisseau au milieu d'une avenue d'arbres, à l'encre de Chine.

561 RONDANI. Massacre de moines, à la plume, lavé. (Scolaro del Coreggio.)

562 ROOS (Henri). Le Berger et la Bergère, à l'encre de Chine.

563 — Sujets d'animaux, au crayon, bistre, sanguine et à l'encre. 4 p.

564 ROSA (Salvator). Paysages, au bistre. — Homme dormant, par Rosselli. 3 p.

565 ROSA de Tivoli, 1763. Bergers et leurs troupeaux, et autres. 5 p.

566 ROSSO. Habitants d'une ville fuyant emportant leurs vieux parents, etc.; beau dessin à la plume.

567 ROUILLARD. Portrait de Louis David, peintre, étant jeune, au bistre.

568 RUBENS. Résurrection de Lazare, grande composition, sanguine.

569 — Déjanire et le Centaure, Chasse au lion, Saintes Familles, etc. 9 dessins.

570 RUBENS (d'ap.). Buste de jeune Fille, à l'huile. (Ecole anglaise.)

Terre 12

Jouvido

Pene 15

R. 25

Champeau
100

R 25

571 RUGENDAS ET RIDINGER. Cavaliers, à la sanguine. 3 p.

572 — Bataille de cavalerie et infanterie, très-grand dessin au bistre.

573 RUYSDAEL. Bords d'une rivière, à la plume.

574 — Paysage buissonneux et montueux avec pêcheurs, etc.; aquarelle.

575 SABBATINI (Andrea). Vierge et Jésus entourés de saints, beau dessin au bistre, rehaussé de blanc.

576 SABLET. Académies et scènes de Mise au tombeau. 13 p. à l'encre.

577 — Vues de la Villa Borghèse et autres. 5 p. à l'encre de Chine.

578 SAINT-AUBIN. Homme et Femme dansant, joli dessin, bistre.

579 — Princesse de Parme. — Colardeau. — Tête de jeune Fille. 3 dessins, mine de plomb.

580 — Deux Amants assis sur un canapé, à la plume, et autre. 2 p.

581 — Dame assise, au bistre; beau dessin.

582 — Portrait de profil, crayon et plume. 8 p.

583 — Café de Vendôme, 1777, où l'auteur passait ses soirées; croquis, aquarelle. — Escalier de sa maison? 2 p.

584 — Vue de l'Abbaye Saint-Victor à Paris, la Porte Saint-Denis, Église de Sceaux, etc. 6 p.

585 — Illumination de la galerie de Versailles en 1751, croquis au crayon.

586 — Titre allégorique : Triomphe de la Peinture, à la mine de plomb.

587 SAINT-AUBIN. Cartouche orné d'attributs de musique et de figures, aquarelle.

588 — Loth et ses filles, aquarelle.

589 — Le Génie de la Sculpture taillant la statue de Marie-Antoinette, à la mine de plomb. — Louis XVI en pied, au bistre. 2 p,

590 — Disparition de Romulus et Enlèvement des Sabines. 2 p. à l'encre et lavé de couleur.

591 — Bacchus et Érigone, aquarelle et croquis au crayon. 3 p.

592 — Les Cordeliers de Catalogne, à la pierre d'Italie.

593 — Les Filles du monde sont rasées et envoyées à l'hôpital, 1778, au crayon.

594 — Bergère et son berger invoquant l'Amour, croquis, mine de plomb.

595 — Joseph vendu par ses frères, mine de plomb, lavé à l'encre; beau dessin.

596 — Croquis divers, costumes, etc. Environ 30 p.

597 SAINT-NON. Extérieur et intérieur de monument. — Le Capitole, par Servandi. 3 dessins à l'encre de Chine et bistre.

598 SALLEMBIER. Vases, Autels, Trépieds, Tombeaux et autres objets d'antiquité; crayon noir, sanguine et autres. 35 dessins.

599 SALVIATI. Les Limbes, Apollon et autre, de *Salimbeni.* 3 p.

600 SARTE (André del). Têtes, Études, Figures. 5 dessins, sanguine.

R. 35 Jourd.

hel 10

Perm 15

jourd

Jourdan

Lesoufachen 60

Jourd

…ig 5 S. Albin 20 Martin 15

601 SAVERY (Roland). Fuite en Egypte, sujet rond, le Mont Saint-Michel ? et autres Paysages très-beaux. 5 p., aquarelles du *cab. Andreossy*.

602 SCHENAU (Eléazar). Scène maternelle, joli petit dessin à l'encre.

603 — Intérieur de famille, à l'encre.

604 — Le Marché de village, à la mine de plomb.

605 SCHOTEL, Marine, Bords de la mer. 2 p., à l'encre.

606 SCHUT (C.). Martyre, au bistre. — Eliézer et Rebecca, à l'encre, de *Stech*. — Valet et ses chiens, à l'encre, de *Stoop*. 3 p.

607 SILVESTRE (Israël). Vues, Paysages, à la plume et sanguine. 6 p.

608 SLINGELANDT. Vieille Marchande, et autres. 3 p.

609 SNELLINX. Nature morte, Gibier, Vue de Rome. 4 p.

610 SOLIS (Virgile). Femme ailée. — Chien courant. 2 dessins à la plume du cab. Vivenel.

611 STIMMER (Tobie). Micheas, au revers Joas, à l'encre, rehaussé de blanc sur papier très-brun.

612 STORCK (P.). 1674. Port de mer avec arc de triomphe, aquarelle.

613 — Ports de mer avec tour et église, à l'encre; Marine, à la plume. 3 p.

614 STRY. Femmes cousant, et se reposant. 2 p., au crayon.

615 SUSINI (J.). Poissons rouges et autres. 2 aquarelles sous verre.

616 SUVÉE. Etudes diverses : Jeune Fille, Bras, etc. 5 p., au crayon.

617 SWANEVELT (Herman). Paysages, à la plume, crayon, sanguine, aquarelle et encre de Chine. 15 dessins. Pourra être divisé.

618 SWEBACH. Desfontaines, 1788, Paysage montueux, Voyageurs parlant à des pâtres près d'un gué. Belle aquarelle.

619 — Le Marchand de chevaux, Scènes de camp, etc. 4 dessins.

620 TAUNAY. Théâtre forain avec parade, à l'encre de Chine et croquis. 3 p.

621 TEMPESTE. Combats de cavaliers, Chasse, etc. 4 p., au bistre.

622 TÉNIERS. La Tonte de moutons, Tabagie, etc. 5 p., crayon et encre.

623 TESTA. Sujets religieux et mythologiques. 3 p.

624 THIBAULT. Vues d'Italie, Rome, etc., à l'encre et au bistre. ~~17~~ p.

625 THULDEN (Th. van). Continence de Scipion, dessin capital, sanguine et autre. 2 p.

626 TIARINI. Le Christ mort sur les genoux de la Vierge, au bistre, rehaussé de blanc.

627 TIÉPOLO (B.). Groupe de figures, beau dessin à la plume, lavé d'encre et de bistre, du cab. du prince de *Paar*.

628 TIÉPOLO (D.). Centaure enlevant une femme, Centaure et famille de satyres, 2 p., à l'encre de Chine.

629 — Têtes, sujets religieux et autres. 6 dessins, au bistre.

he 50

Peru 15

Jourd

Jourd

9 50

630 **TINTORET.** Sujets religieux et autres. 6 dessins. Pourra être divisé.

631 **TITIEN.** Paysage, études diverses. 5 p.

632 **TOORENBURG** (Gérard). Rivière glacée avec traîneau attelé d'un cheval, patineurs, etc., belle aquarelle.

633 **TRINQUESSE.** Costumes de dames, Compositions de figures, Têtes, Académies et Portraits, à la sanguine. 53 dessins. Seront divisés.

634 — Femme debout, 1778. — Gertrude Pico, 1780. 2 dessins, crayon noir, rehaussé de blanc.

635 — Dames et Hommes assis, crayons et sanguine. 5 p.

636 **TROOST**, d'après Rembrandt. Un Vieillard à mi-corps tenant une équerre, beau dessin aux crayons de couleur.

637 **UDEN** (van). Paysage, au bistre; *cab. Denon.* — Paysage, Forêt. 2 aquarelles.

638 **ULFT** (van der). Palais. — Ville antique. 2 dessins, bistre.

639 — Arc de Triomphe. — Vue d'Italie. 2 p. en bistre.

640 — Vues de Fabriques. 2 p. en bistre.

641 — Ruines, Monuments, Paysage. 5 p. au bistre et encre.

642 **URSE GRAFF**, 1511. Costume de femme. — Danse de paysans, 1525. 2 dessins à la plume.

643 **VAEL** (de). Bohémiens. — La Soupe aux pèlerins. 2 p., à la plume.

644 **VALIN**. Nymphe nue dansant, crayon noir, rehaussé de blanc. — Tête de Bacchante. — Flore. — Satyre surprenant une Bacchante endormie, grand dessin crayon noir et blanc. 4 p.

645 **VANLOO**. Etudes de têtes, sanguine et crayon noir. 2 p.

643 — Apollon et Marsias. —Diane et Actéon, Grand-Prêtre, Figure drapée, etc. 5 p.

647 — Le Marquis de Pombal, ministre portugais. debout en pied montrant le port de Lisbonne au fond, à l'huile sur toile.

648 **VANNUM** (van). Marine, à l'encre.

649 **VASARI** (G.). Les trois Coligny. — Le Christ portant sa croix. — Allégorie pour fronton. — Guerriers antiques. 4 dessins à la plume.

650 **VÉLASQUEZ**. Homme en manteau, plume et bistre.

651 **VELDE** (van de). Petite Marine houleuse, au bistre. Beau dessin.

652 — Marine calme, à l'encre.

653 — Navires en panne. à l'encre.

654 — Croquis de Marines. 4 p.

655 **VENNE** (van). Mendiant, sanguine; Marchands de poissons, Farceurs. 3 p.

656 **VERBOECHOVEN**. Le Mouton à la clochette près d'un marais, à l'encre. Beau dessin légèrement bistré.

657 **VERBRUGGEN**, 1690. Allégorie pour titre, Paysage. 2 p., à l'encre.

[illegible]

Brun 60

Brun 40 à 50

Brun 25 Cambr. 10

Cambrian 6

658 VERDIER. David apportant la tête de Goliath. — Martyre. — Diane et Actéon, crayon et lavis. — Apôtre, sanguine. 4 p.

659 VERDUSSEN. La Ribotte du paysan. — Marché aux chevaux. 2 jolis dessins, à l'encre.

660 VERFF (van der). Jugement de Pâris, à l'encre de Chine.

661 VERNET (Joseph). Le Vent, le Pêcheur et les Pêcheuses, Marine à l'huile sur toile, et autres. 7 p.

662 VERNET (Carle). Le Musicos, aquarelle gracieuse.

663 — Cavalier au galop.—Cheval effrayé; *à l'Institut, 25 nov. 1820*. 2 croquis à la plume.

664 VERNET (Horace). Curé assis dans son fauteuil, lisant sur un pupitre, très-petite aquarelle encadrée.

665 VÉRONÈSE (Paul). Annonciation, à la plume; Naissance de la Vierge, allégorie, au bistre; beau dessin, etc. 4 p.

666 VERSCHURING, 1675. Cantine d'un camp, beau dessin à l'encre.

667 — Cavalier faisant l'aumône, à l'encre.

668 VICENTINI. Hérodiade faisant apporter la tête de saint Jean, lavé, à l'encre; cab. Lagoy et autre.

669 VIEN. Scènes maternelles, croquis. 4 p.

670 VINCENT. Le Bouteux, peintre d'Histoire, pensionnaire à Rome, 1774. — Chaudet jeune à Rome. — Le Christ mort. 3 p.

671 VINCI (Léonard de). Etudes : Tête et Bras, à la plume. Beau dessin.

672 VINKELES (R.). Chasse au cerf. Petite aquarelle.

673 VISCHER. Portrait d'homme, mine de plomb sur vélin.

674 VITRINGA, 1701. Marine, à l'encre.

675 VOS (Martin de). Adoration des Bergers. — Présentation au temple. — Transfiguration. — La Madeleine pénitente. 5 p., au bistre.

676 VOUET. Ornements pour angle de plafond et figures. 3 p., au crayon noir.

677 VRIÉSE. Compositions d'architecture, à la pierre bleue, à la plume. 4 p.

678 WATTEAU. Etudes de procureurs assis, deux figures à la plume, sous verre.

679 — Buste de jeune fille, sanguine. — Société dans un parc, crayon noir sur papier bleu. 2 dessins.

680 — Dame debout, sanguine.

681 — Homme tirant le sabre, aux trois crayons.

682 — Scènes élégantes, croquis aux crayons de couleur. 2 p.

683 — Sujet d'une comédie de Molière. — Bergère couronnant son Berger près la statue d'Apollon. 2 p., à la plume, lavé à l'encre de Chine.

684 — Costumes, Croquis divers, à la sanguine, crayon noir, etc. 8 p.

685 WATTEAU (Louis). Trophées d'armes. 2 croquis, crayon noir.

686 WATELET. Chaumières entourées d'arbres, près de l'eau, au fond l'église, effet de neige, aquarelle sous verre.

687 — 1758. Paysage avec baraque et gardeur de porcs. Aquarelle.

Tour'd

Per. 77. Tour'd

Tour'd
6683

Pern 20

Brun 10

Vark 10

688 WATERLO. Paysage avec chaumières, Forêt. 2 dessins, lavés à l'encre.

689 WATTIER (Emile). Dame sur un lit de repos, crayon noir rouge, sous verre.

690 — Athénaise Bonnet, Jeune Fille, Étude a la sanguine légère, sous verre.

691 — La Fille de la portière, elle lit la lettre avant de la remettre, mine de plomb, sous verre.

692 — Assomption, Portrait de jeune fille, croquis divers. 7 p.

693 WEIROTTER. Le Pont. — Le Pavillon. — 2 dessins à la pierre d'Italie.

694 WEYLER, peintre émailleur, 1790. Tête de jeune femme aux crayons de couleur, Beau dessin, rare.

695 WICKEMBERG. Un Pêcheur, mine de plomb, sous verre.

696 WILDENS. Paysages, au bistre. 2 p.

697 WILLE (J.-G.), 1762. Ruines de Saint-Maur, beau dessin à la plume, lavé à l'encre bleutée.

698 — Tête de Jocrisse, 1751. — Draperie. — Les Chartreux et autre. 4 p.

699 WILLE fils. Louis XVI secourant une famille malheureuse en 1776, dessin vigoureux à l'encre, au revers, le même sujet avec moins de figures.

700 — Jeune Femme gracieuse, en buste, sanguine, 1793.

701 — Le Prédicateur capucin, superbe et vigoureux dessin à la plume, 1786.

702 — Etudes de différentes têtes, beau dessin à la plume, 1807.

703 — La dédicace du poème épique, dessin à la mine de plomb pour la gravure.

704 WINCKENBOOMS. Cortége d'un général d'armée, à la plume, lavé.

705 WITT (J. de). Sujets d'enfants. 5 p.

706 WITT (P. de). L'Abreuvoir. — Réunion allégorique. 2 p. à l'encre.

707 WOCHER (T.), 1773. Sujets orientaux et petits villageois, 3 beaux dessins au bistre.

708 WOUWERMANS. Cheval à l'écurie, croquis au crayon noir.

709 WYCK. Ruines, Fabriques, à l'encre et au bistre. 3 p.

710 WYSMAN. Sainte Marguerite et Martyre, 2 p. à la plume.

711 ZACHLEVEN. Vue de Ville, au bistre. — Vues, Paysages, etc. 6 p.

712 ZASINGER. Sainte Marguerite et autre, à l'encre de Chine.

713 ZUCCHARO. Joli profil de Femme, Mars et autre. 5 dessins.

714 — Armoiries avec figures allégoriques. — Pégase et autres compositions. 9 p.

715 PEINTURES A L'HUILE. Sujets orientaux, Assomption de la Vierge, Portrait, Paysage et Esquisse, Fragments. 8 p.

716 DESSINS CHINOIS. Fleurs, 2. — Oiseaux, 2; sur papier de riz. — Paniers de fleurs, aquarelles sur papier du Japon, 4.— Fleurs sur soie pour écran, 3. — Costumes et intérieurs, à l'encre et aquarelle, 5. En tout, 16 dessins.

[illegible] oo

[illegible]

R. 40

R. 40

Jound
R 40

R 40

R 40

717 **ALBUM ORIENTAL.** Dessins indiens sur mica, dessins chinois sur papier de riz et autres, gravures chinoises coloriées. 37 p., vol. in-fol.

718 — Marche triomphale du Rajah.— Le Cerf-Volant. — Musicienne. — Gholam Hassan Khan. — Hyder-Aly, père de Typoo-Saleb. 5 dessins indiens.

719 **ÉCOLE ALLEMANDE.** Anciens maîtres anonymes. Vierge et Jésus tenant la pomme au milieu de quatre ronds formant la croix, beau dessin à la plume et lavé.

720 — La Vierge soutenue par des saintes Femmes, beau dessin.

721 — Fuite en Egypte, aquarelle.

722 — Adoration des Mages, à la plume.

723 — Cavalier, lavé de couleur. — Figures à cheval sur des monstres, 2 curieux dessins sur papier brun; *cab. Andreossy.*

724 — 1424. Sigismond, roi des Romains, flanqué de deux Électeurs; curieux dessin à l'encre. — Deux saintes, croquis à la plume.

725 — Armoiries, décoration d'architecture. 3 p.

726 — 1622. Guerrier dans une décoration d'architecture. — Personnages religieux debout dans des niches, 3 dessins au bistre.

727 — A. M. 1583 et autres. 4 petits dessins à la plume, et crayon.

728 — Vierge et Jésus recevant le Saint-Esprit, beau dessin à l'encre rehaussé de blanc, sur papier brun.

729 — Apôtres, à l'encre de Chine. 4 beaux dessins.

730 — Saint Jean. — Saint Georges. 2 beaux dessins à l'encre, rehaussés de blanc, sur papier bleu et brun.

731 — Costumes de guerriers avec armoiries, allégorie à l'encre. 4 p.

732 — Sujets divers, Allégories, Costumes, sujets religieux, ornements, etc. 25 p. Sera divisé.

733 ÉCOLE ANGLAISE. Paysage, aquarelle.

734 — Salon de lecture d'une bibliothèque, aquarelle encadrée.

735 ECOLE ESPAGNOLE. Cavalier au galop, beau dessin au bistre.

736 ÉCOLE FLAMANDE (Ancien Maître). Sur un siége gothique, Dieu le père et Dieu le fils couronnent la Vierge, au-dessus de laquelle le Saint-Esprit plane. Très-belle aquarelle, cadre noir ancien.

737 ÉCOLE FLAMANDE. Paysages, à la plume et bistre. 2 p.

738 — Convoi de marchandises attaqué et pillé par des voleurs, beau dessin lavé.

739 — Femme et enfant. — Monument rond. 2 p., bistre et encre.

740 — Trois portraits de Rois avec attributs soutenus par deux grands anges, à l'encre.

741 — Tête de profil, au crayon noir.

742 — Cuyp. — Esselens et autres. 4 paysages.

743 — Beerestraeten, Lairesse, Rademacker, Schut, Wilkens, etc. 10 dessins.

744 — Paysages, la plupart à l'encre de Chine. 38 dessins.

[illegible]
[illegible]

[illegible] 46

Pera 20 Michel 16

Michel 37

745 — Départ de chasse, Paysage, etc. 3 p.

746 — Groupe de figures, à la plume. — Paysage, 1767, au bistre. 2 p.

747 — Le Peintre, à la plume. — Mendiants, à l'encre. — Intérieur de groupe, crayon. 3 p.

748 ÉCOLE DE FONTAINEBLEAU. Diane le bras sur le cou du cerf, avec une Nymphe, ses chiens; beau dessin à la plume, lavé de bistre.

749 ÉCOLE FRANÇAISE, XVI^e^ siècle. Monstres fantastiques, à la plume, lavé à l'encre; dessin curieux.

750 — Portrait de Dame de profil, crayon noir, relevé de sanguine.

751 — 1672. Portrait de Femme de face, aux crayons de couleur; joli costume.

752 ÉCOLE FRANÇAISE. Divers maîtres, la plupart anonymes. Compositions diverses. Environ 80 p. Sera divisé.

753 ÉCOLE FRANÇAISE, XVIII^e^ siècle. Jeune et jolie Femme en peignoir mettant sa jarretière, aux trois crayons.

754 — Deux Enfants, dont l'un dans un chariot; beau dessin, crayons noir et rouge, déchiré.

755 — Les Laveuses et l'Artiste, aquarelle.

756 — Flore et Zéphir. — Vénus et Adonis, avec compositions rocailles. 2 p. à l'encre de Chine.

757 — L'Été, l'Automne; scènes villageoises dans les bleds et en vendange. 2 croquis à la plume, lavés.

758 — Tête de jeune Fille, aux crayons de couleur.

759 — Mlle Louise Vernet, peinture à l'huile, su toile.

760 — Léda, lavé à la pierre bleue.

761 — Trois Baigneuses près d'une cabane délabrée, beau dessin, crayon noir.

762 — Bacchus et Ariane, aquarelle pour panneau de décoration.

763 — Cortége de Bacchus et Ariane, bas-relief à la pierre bleue, rehaussé de blanc.

764 — Costumes de dames, à la plume, crayon et bistre. 3 p.

765 — Allégorie : les frères Montgolfier allument le feu qui fait monter la Montgolfière. 2 compositions différentes.

766 — Assemblée du Directoire, à l'encre et rehaussé de blanc.

767 — Composition pour portraits de famille, aquarelle. — Paysage et autres divers. 7 p.

768 — Sujets gracieux, costumes et autres, à l'encre, sanguine, crayon, aquarelle, etc. 16 p.

769 — Costumes, aquarelles, crayon; sujets gracieux, sanguine, etc. 12 p.

770 — Boucher, Chardin, Fragonard, Natoire. 4 sanguines, etc.

771 ÉCOLE DU XVIIIe SIÈCLE. Pastorale, genre Boucher, au crayon de pastel, sous verre.

772 ÉCOLE DE LA FIN DU XVIIIe SIÈCLE. Illumination mobile et fête autour de la statue d'Henri IV, très-belle aquarelle, costumes de l'époque, sous verre.

[illegible]

Champenois 20

[illegible] 10 [illegible]

Champenois 25

773 ÉCOLES GERMANIQUES. Jésus et les docteurs, à l'encre. — Portrait d'Amerbach, sanguine. 2 p.

774 — Supplice de la guillotine, ancien dessin à la plume.

775 — Divers Maîtres, la plupart anonymes. Compositions diverses. 53 p. Sera divisé.

776 — Moderne, aquarelle et autres. 8 p.

777 ÉCOLE ITALIENNE. Allégorie. Vaisseau orné pour une fête. 2 p., à la plume.

778 — Moine à genoux. — Études de têtes. — Vierge. 3 dessins.

779 — Assomption de la Vierge et autre. 2 dessins au bistre.

780 — Adoration des Mages, à la plume. — Soldat cuirassé, au crayon. 2 p.

781 — Allégorie pour plafond, au bistre.

782 — Mariage de la Vierge, bistre. — Baptême de Jésus, à la plume. 2 p.

783 — La Vierge apparaît à un moine. — Jésus et les enfants. — Marchand de chats. 3 p.

784 — Jésus-Christ dans sa gloire. — Étude académique de femme. 2 p., au bistre.

785 — Figures drapées, Moines, Académies, etc., au crayon noir, sanguine, etc. 41 p.

786 — Divers Maîtres, la plupart anonymes. Compositions diverses; environ 70 p. Sera divisé.

787 Volume in-folio contenant 60 dessins de Compositions, Fragments, Figures drapées, Etudes, etc., de l'Ecole italienne.

788 ECOLE MODERNE. Couture, Dupont, Ch. Jacques, Jeanron, Lafitte, Meissonnier, Thénot, Thomas, etc. 8 p.

789 COSTUMES italiens. 7 aquarelles.

790 — Cavaliers anciens, Danseuses, et Hommes et Femmes, XVIII^e siècle. 25 p.

791 Maîtres anonymes de diverses écoles; 95 beaux dessins. Pourra être divisé.

792 ARCHITECTURE. Partie d'une coupole, au bistre. — Fragment, à la plume, pour plafond. 2 p.

793 DECORATIONS d'architecture. Masques, Mascarons, Trophées, Bas-reliefs, etc. 103 p.

794 — Ornements, Façades de monuments, Intérieurs, Arabesques, Vases, Panneaux, Frontons, détails, etc. 90 p. Sera divisé.

795 Décorations théâtrales, 3 grands dessins. Intérieurs, à l'encre de Chine.

796 Lampes antiques, 27 dessins au crayon noir, d'après les originaux en terre ou en bronze. 60 modèles différents.

797 EVENTAILS. Monument dit la Rotonde à Rome, gouache sur peau de chevreau.

— Royaume de Flore, aquarelle rehaussée d'or sur papier.

798 Animaux féroces, Chiens, Volatiles, Bestiaux divers. 36 p.

799 ECOLES DIVERSES. Sujets religieux et autres. 32 dessins, à l'encre, sanguine, etc.

800 — Cariatides, la Musique, Apollon, Daphné, Junon, Saturne, Cybèle, Vulcain, etc. 12 p. à la pierre bleue, à l'encre, etc.

[illegible]

[illegible]

[illegible]

[illegible]

[illegible] 2e

801 — Portraits d'Artistes, Madame Gavaudan, Amyot, Bruneleschi, Galilée, Claude Hallé, Paw, la reine Thérèse de Bavière, le duc de Berry, etc. 40 p. Pourra être divisé.

802 — Grands Dessins, Sujet religieux, Portraits à l'encre, au bistre, etc. 20 p.

803 — Sujets et Compositions divers, à la sanguine. 32 p.

804 — Groupes et Sujets d'enfants. 14 p.

805 — Figures drapées et Académies, école italienne et autres. 25 p.

806 — Fleurs et Fruits par Alïain, Desportes, Voelcker, Berlin 1834, et autres; Aquarelles, Esquisses à l'huile et crayon. 14 p.

807 — Sujets religieux, au bistre, à l'encre, et autres bons dessins. 20 p.

808 — Sujets divers, de diverses écoles. 50 p.

809 Dessins à la plume, d'ap. différents maîtres. 25 p.

810 Paysages diverses écoles, Aquarelle, Plume, Crayon, Lavis, Bistre, etc. 105 p. Sera divisé.

811 Environ 1,100 Dessins divers : Croquis, Sanguine, Costumes, Paysages, Baigneuses, Etudes, etc., etc. Seront divisés sous ce numéro.

812 **Fac-Simile** de Dessins et autres pièces gravées. 13 p.

813 **Rembrandt**. L'Ange qui disparaît devant la famille de Tobie (B. 43), Eau-Forte originale. Très-belle ép. déchirée et parfaitement raccommodée.

814 Cartonnets bleus de différents formats pour monter les dessins. Pourra être divisé.

815 Cartonnets de différentes couleurs : bleus, jaunes et autres, avec filets.

816 PARCHEMIN vélin, blanc ancien. 50 bandes et morceaux jusqu'à l'in-4 simple, quelques-unes avec miniatures.

817 — 22 Feuilles in-4 doubles. — 5 petits in-fol. simples.

818 — 23 Feuilles grand in-4 doubles, très-beau.

819 Papiers de couleur, peigne différents, marbrés et autres anciens et modernes; plus de 200 morceaux; papiers métalliques, etc.

820 Portefeuilles vides de différents formats.

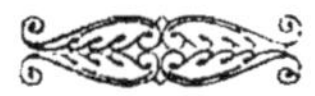

RENOU et MAULDE, imprimeurs de la Compagnie des Commissaires-Priseurs, rue de Rivoli, 144. 56592

www.ingramcontent.com/pod-product-compliance
Ingram Content Group UK Ltd.
Pitfield, Milton Keynes, MK11 3LW, UK
UKHW022031170726
13837UKWH00002B/528